AF349790

(6)

PRINCIPE

UNIVERSEL

D'ÉDUCATION,

ET

MOTIF OBLIGATOIRE

D'UNION, DE CONCORDE ET DE PAIX,

pour tous les hommes & toutes les Nations;

OU

LA VÉRITABLE PHILOSOPHIE,

Parlant aux yeux pour éclairer l'esprit
& régler le cœur.

(1792.)

(6)

TABLE.

PRÉLIMINAIRE· *Page* 1.

Tableau Central des opinions & de l'éducation publique, qui pose le principe universel · 4.

Tableau des Sciences & des Arts, ou Développement du principe, divisé en *Philosophie & Religion* · · · · · · · · · · · · · · · · · · 5.

Systême figuré des connoissances humaines, ou développement de la *Philosophie* · 12.

1°. Grammaire & Rhétorique · · · · · · · · · · · · · · · · · · · 13.

2°. Logique · *Ibid.*

3°. Métaphysique · *Ibid.*

4°. Morale · *Ibid.*

5°. Physique · 14.

6°. Mathématiques · *Ibid.*

7°. Belles-Lettres · *Ibid.*

8°. Histoire · *Ibid.*

Science divine, ou *Religion*, & précis très-succinct des huit objets qui embrassent toute l'étendue de ces preuves · · · · · · · 20.

PRINCIPE UNIVERSEL D'ÉDUCATION.

TABLEAU DES SCIENCES ET DES ARTS,

ET

SYSTÈME FIGURÉ DES CONNOISSANCES HUMAINES,

Toutes déduites de leur unique principe, avec les rapports glorieux de l'Homme à la Divinité ;

OU

DÉVELOPPEMENT DU *TABLEAU CENTRAL DES* OPINIONS ET DE L'ÉDUCATION PUBLIQUE,

Gravé & présenté à l'Assemblée Nationale Constituante, qui en a agréé l'hommage le 18 Juillet 1791 ; & à l'Assemblée législative qui l'a honoré de sa discussion, & qui par son Décret du 22 Octobre suivant, l'a renvoyé à son Comité d'Instruction publique, avec les 83 exemplaires destinés aux 83 Départemens. Par J. CHEVRET, *Citoyen de Paris, de la Section & de la Bibliotheque.*

Si vous voulez pour l'âge amasser un trésor,
Plus cher, plus précieux que les bijoux et l'or,
Dévouez les beaux jours de votre adolescence
Aux arts ingénieux, à l'auguste science.
Le Philosophe de Sans-souci.

PRÉLIMINAIRE.

L'HOMME est visiblement fait pour connoître & pour aimer : Toute l'application de l'esprit doit donc avoir pour objet, dit

» *Ciceron*, ou l'étude des fciences, ou l'examen de ce que l'hon-
» nêteté demande de nous, & qui peut contribuer à nous faire
» bien vivre & à nous rendre heureux ».

Comme il eft hors de doute que rien ne fauroit faire tant de bien
ni tant de mal aux hommes que les hommes même ; négliger
leur éducation, c'eft les expofer à fuivre cette pente malheureufe
vers le mal & au plus grand des malheurs, en les privant de la
connoiffance de la vérité, qui eft le plus grand avantage de leur
nature.

Quand l'Ecriture ne feroit pas auffi expreffe fur le dogme de
la dépravation originelle, il y auroit, dit *Saurin*, de l'imbécillité
à la révoquer en doute. A peine les enfans donnent-il quelques
fignes de raifon, qu'ils donnent des marques de corruption. L'efprit de l'homme & toutes les penfées de fon cœur, dit l'Ecriture,
font portés au mal dès fa jeuneffe (*Gen.* 8. 21.). Les Païens
même n'en doutoient pas. De forte, dit *Pafcal*, que l'homme eft
plus inconcevable fans ce myftere, que ce myftere n'eft inconcevable à l'homme. Négliger donc l'éducation des enfans, c'eft, au
lieu de procurer à la fociété des citoyens éclairés & vertueux,
déchaîner, dit *Saurin*, des furieux dans l'Etat.

Toute l'éducation a pour objet le corps & l'efprit, l'homme
tout entier; elle doit donc donner au corps le plus haut degré de
force & de fanté, procurer aux efprits le plus haut degré de juf-
teffe & de capacité qu'il eft poffible, & particulierement aux
caracteres, au cœur, le plus haut degré de bonté & d'élévation,
parce que rien n'eft fi aifé, dit *S. Auguftin* avec les Sage de l'antiquité, que de rendre favant celui qui ne defire que d'être bon.
L'éducation phyfique regarde le corps ; mais c'eft l'éducation
morale qui éclaire l'efprit & regle le cœur, forme des citoyens
utiles, vertueux & dignes de la liberté. Car il n'y a, dit *Ciceron*,
que le Sage qui foit libre, & qui reconnoiffe que c'eft une fauffe
liberté que de faire tout ce qu'on veut, quand ce qu'on veut
n'eft conforme ni à la raifon ni aux loix ; c'eft donc à l'éducation à produire ces fruits de paix, en éclairant les hommes fur
leurs véritables intérêts, leur faifant connoître que ce font nos
vices ou nos vertus qui font les tems heureux ou malheureux ;
que l'ordre ainfi que l'amour réuniffent & raffemblent tout, &
que la haine & le défordre défuniffent & font le malheur de tout;
enfin que l'art de faire le mal avec adreffe n'eft pas fageffe,
& que la conduite des méchans n'eft point prudence : que celui-là
feul eft libre, prudent & fage, qui fuit la droite raifon ; qui fait
confifter tout fon plaifir à remplir fes devoirs; qui obéit aux loix,
non par la crainte des peines dont elles menacent, mais parce

qu'il les aime & qu'il les respecte, & qu'il trouve qu'il n'y a rien de plus salutaire que de s'y conformer.

C'est de la persuasion & de la pratique de ces vérités, que dépend le bon ordre de la société & l'harmonie des Etats. La foi, le zele de la justice, la crainte des jugemens de Dieu rendroient les hommes heureux & pacifieroient le monde, si l'on vouloit sincerement rentrer en soi-même, pour y voir dans son cœur la vérité : car c'est dans l'homme intérieur que la vérité habite, & qu'elle fait les réponses qui éclairent notre entendement; c'est dans cette partie de nous-mêmes où le goût de la vérité se fait sentir, que Dieu même s'unit à l'homme & l'homme s'unit à Dieu par l'amour. « Vous qui craignez le Seigneur, dit l'Ecri- » ture, aimez-le, & vos cœurs seront remplis de lumiere ».

C'est cette vérité qui faisoit desirer à *Leibnitz*, le savant le plus universel de l'Europe, qu'on rapportât toutes les découvertes passées & futures à la louange du Maître suprême de l'univers, & à l'accroissement de l'Amour Divin qui ne sauroit être sincere en nous, sans renfermer aussi la charité envers les hommes. Il pensoit que par cette voie on avanceroit plus, disoit-il, en dix ans pour la gloire de Dieu & le bonheur du genre humain, qu'on ne fera autrement en plusieurs siecles.

Telle a toujours été la pensée des hommes véritablement amis de l'humanité, & qui chérissent leur Patrie & leurs Concitoyens.

« Quand les regards de l'homme, dit *Ciceron*, auront embrassé le Ciel, la terre, les mers, tout ce qui existe ; quand il aura compris de quoi les choses sont formées, ce qu'elles doivent redevenir ; dans quel tems & de quelle maniere elles finiront ; ce qu'elles ont de périssable & ce qu'elles ont d'éternel ; quand il aura presque touché au doigt & à l'œil, si je l'ose ainsi dire, l'Etre qui regle & gouverne l'univers ; quand il verra que lui personnellement il n'est point resserré dans un petit coin de la terre, mais que le monde entier ne fait pour ainsi-dire qu'une seule ville dont il est citoyen ; ô qu'un si magnifique spectacle où la nature se montre à découvert, mettra bien l'homme à portée de se connoître lui-même » !

Telles sont les vues que nous nous sommes proposé de remplir par la publication du *Tableau central*, & que nous nous proposons de développer par *le Tableau des Sciences & des Arts & le Systême figuré des connoissances humaines*, que nous avons l'honneur d'exposer aux yeux de l'auguste Assemblée, & d'offrir à nos Concitoyens François & à toutes les nations, comme la base unique de l'éducation & le centre des rapports de toutes les opinions humaines.

A 2

TABLEAU CENTRAL.

DES OPINIONS ET DE L'ÉDUCATION PUBLIQUE.

CE Tableau, fait à la gloire de l'Être suprême & qui est un hommage à l'Humanité, à la Nation, à la Loi & au Roi, pose d'abord le principe universel ; présente aux yeux le magnifique spectacle de la nature, le soleil au centre des mouvemens celestes & de tout l'univers, il présente le symbole de la Divinité sous les rapports du cercle & du triangle, qui caractérisent le plus visiblement la trinité & l'unité du principe souverain ; fait voir l'accord de la véritable Philosophie avec la Religion ; & enfin les rapports éternels qui unissent Dieu, l'Homme & l'Univers.

Car chercher le principe des choses en elles-mêmes, c'est s'abuser ; il faut nécessairement ou descendre de la cause aux effets, en suivant la révélation, ou remonter des effets à la cause en suivant la raison. Car Dieu, dit *Leibnitz*, est la premiere raison des choses, son entendement est la source des essences, & sa volonté l'origine des existences.

Ainsi l'unité, la vérité suprême, DIEU, est le principe universel, souverain & immuable, caractérisé dans cet ouvrage par e symbole qui rend le plus sensiblement raison de sa trinité & de son unité. Sa gloire comme fondue, peut-on dire, est rendue visible par l'éclat des rayons du soleil, qui est, dit *Platon*, parmi les êtres sensibles, ce qu'est Dieu parmi les Intelligences, puisqu'il anime, vivifie les corps & est la lumiere des yeux, comme Dieu est la vie des cœurs & la lumiere des esprits.

Dieu, dis-je, la vérité, la sagesse même, est comme dans un centre immobile, pour me servir des expressions de S. *Grégoire de Nazianse*, autour duquel roule tout l'Univers d'une maniere constante & réguliere, & où mille rayons différens peuvent nous conduire ; car toutes les vérités, dit l'auteur de l'*Essai sur le Beau*, nous élevent naturellement jusqu'à la vérité suprême ; il n'y a, pour y atteindre, qu'à nous laisser conduire à la trace de leur lumiere : ce sont des rayons qui nous menent droit au Soleil, à ce Soleil d'intelligence qui nous donne tout-à-la-fois & sa lumiere & l'amour de sa lumiere, pour la chercher.

Mais combien d'hommes prennent la circonférence pour les rayons & ne font que courir autour du cercle ! Combien même pour qui ce seroit un bonheur de ne s'égarer qu'à l'entour !

Ce Tableau qui s'explique par lui-même, est développé avec plus d'étendue dans les explications que nous avons eu l'honneur de donner à nos concitoyens.

Il nous restoit donc à développer plus particulierement les effets de la *Puissance*, de la *Sagesse* & de l'*Amour* divin , dans l'être de l'homme , dans les affections de son cœur & les lumieres de son esprit ; enfin à faire connoître l'homme, ses prérogatives & sa dignité ; car, dit *Cicéron* , quand on dit à l'homme, connois-toi, ce n'est pas seulement pour rabaisser son orgueil, c'est aussi pour lui faire sentir ce qu'il vaut ; car tout homme qui rentre en lui-même, ajoute ce Philosophe payen, y trouvera des traces de la Divinité.

Ce sont ces traces & ces caractères si glorieux à l'humanité, & si bien prononcés dans l'Ecriture sainte, où Dieu , prenant conseil comme en lui-même, dit ces paroles expressives qui caractérisent & sa pluralité de personne & son unité d'essence : *faisons l'homme à notre image & à notre ressemblance.... & qu'il commande à toute la terre ....* (Gen. 1 , 26.) :

Ce sont , dis-je, ces rapports précieux qui , rendus sensibles dans le Tableau des sciences & des arts , nous porteront à en glorifier l'auteur , à connoître nos prérogatives , nos droits, nos devoirs , l'étendue & les limites de la liberté, la source de nos sciences , & enfin notre immortalité ; *Car Dieu* , dit la Sagesse , *a créé l'homme immortel , il l'a fait pour être une image qui luï ressemblât.* (Sag. 2 , 23.).

TABLEAU

DES SCIENCES ET DES ARTS.

Ce Tableau fait à la gloire de l'homme & de l'esprit humain ; rapporté à son principe, développe le *Tableau central* , & présente au premier coup d'œil trois objets distincts ; le type ou le symbole de la Divinité, celui de l'homme & du médiateur entre Dieu & l'homme , & l'un & l'autre comme investis de la gloire suprême qui éclate & se répand jusques aux extrémités du monde.

Les cercles & les triangles, dont les trois côtés & les trois angles unis à leur sommet donnent l'idée de la Trinité & de l'Unité, par l'union intime des trois parties distinctes qui en font l'essence, servent également à caractériser dans l'homme, l'auguste ressemblance de la divinité empreinte dans le fond de son être intellectuel & les dimensions de son corps.

La *Puissance*, la *Sagesse* & l'*Amour* sont les trois termes essentiels sans lesquels la Divinité ne peut être conçue : la Puissance est au *Pere*, la Sagesse au *Fils*, & l'Amour au *Saint-Esprit* ; ces trois termes & ces trois personnes qui circonscrivent, peut-on dire, la Divinité, ne sont point trois êtres, mais la Trinité & l'unité du même être en une même essence qui est Dieu ; & ainsi que les trois côtés distincts, & les trois angles d'un triangle ne multiplient point le triangle, mais caractérisent ces trois rapports en unité d'essence, ainsi dans Dieu la pluralité ne détruit pas l'unité.

L'honorable ressemblance de l'homme à la Divinité, est empreinte sur la matiere même dont son corps est composé. Les dimensions de *longueur*, de *largeur* & d'*épaisseur*, qui circonscrivent, faut-il dire, l'essence même de la matiere, font partie de son tout ; car esprit & corps tout ensemble. voilà l'homme mortel & immortel ; mortel par son corps, & immortel par l'ame : voilà tout l'homme, sa nature & toute sa dignité.

> Le corps né de la poudre, à la poudre est rendu ;
> L'esprit retourne au Ciel dont il est descendu.

Telles sont les prérogatives de cette noble partie de nous-mêmes qui porte particulierement ce caractere de ressemblance divine, qui fait toute la grandeur & la gloire de l'homme. En lui l'*entendement est la puissance de l'ame*, le *raisonnement en est la sagesse & l'amour* ainsi qu'en Dieu. Ce qui unit ces divins caracteres, les porte à l'action, & acheve cette glorieuse ressemblance de Trinité & d'Unité, qui, comme le *Pere* a l'être, la puissance ; comme le *Fils* la sagesse, l'intelligence ; & comme le *Saint-Esprit* l'amour.

Adorons donc cette sainte Trinité d'une seule & même substance, dit *Saint Augustin*, cet unique Dieu en qui se trouve & le *Principe* qui nous a faits, & la *Sagesse* par laquelle il nous a faits, & le *Don* ineffable par lequel il nous conserve &

nous fait subsister ; enfin cet unique Dieu *de qui, par qui & en qui* sont toutes choses.

Le cœur intermédiaire qui unit les deux symboles de la Divinité & de l'homme, caractérise la réciprocité d'amour entre Dieu & l'homme, & particulierement *Jésus-Christ* par lequel Dieu s'est réellement approché de nous, en s'abaissant jusqu'à nous, pour nous élever jusqu'à lui ; il est enfin le médiateur, car il n'y a qu'un Dieu & qu'un médiateur entre Dieu & l'homme, dit l'Ecriture, *Jésus-Christ homme.* « Je suis *la voie, la vérité & la vie* : personne, dit-il, ne vient au Pere que par moi. Je suis venu dans le monde, afin de rendre témoignage à la vérité. Quiconque appartient à la vérité, écoute ma voix. Je suis venu dans le monde, moi qui suis la lumiere, afin que tous ceux qui croient en moi ne demeurent point dans les ténebres. Si vous demeurez dans l'observation de ma parole, vous serez véritablement mes Disciples, *& vous connoîtrez la vérité, & la vérité vous rendra libres.* (Jean, 8, 31, 32.) »

Car on n'est libre dans la Religion, comme dans la société civile, que par la connoissance de la vérité, l'amour & l'obéissance aux loix. *Aimez Dieu & votre prochain comme vous-même,* dit la Religion. *Soyez esclave des loix, afin d'être libre,* dit la Politique ; & alors faites tout ce que vous voudrez, vous êtes libre, non pas d'une liberté d'indépendance qui n'appartient qu'au souverain être, à Dieu, dont la puissance même limitée par le mal, ne s'étend qu'à tout bien, étant par essence la vérité, la justice, l'ordre, la bonté même ; mais vous êtes libre d'une liberté de créature qui, ayant pour loi naturelle la raison qui peut faillir, a pour regle immuable de sa conduite, les loix divines qui ne peuvent changer ; & dans la société, les loix humaines qui en dérivent, établies pour le bon ordre, l'avantage des individus, le bonheur publique & la liberté de tous.

C'est pour inviter les hommes à se rappeler ces principes naturels & divins, qui sont également pour tous les Peuples de la terre, que les noms des quatre parties du monde, l'*Europe,* l'*Asie,* l'*Afrique,* l'*Amérique,* sont gravés sur les quatre côtés de ce Tableau, & que les Nations qui peuplent ces contrées, ici disposées en ordre géographique, sont toutes appelées par la voix du même principe à la connoissance des mêmes vérités.

Les quatre vents qui partent des angles de ce Tableau, semblent porter avec rapidité du *Nord* au *Midi,* de l'*Orient* à l'*Occident,* & dans tout l'Univers, les paroles sacrées que la Divinité adresse à tous les hommes, à tous les peuples, à toutes les nations, pour les appeler à lui comme à la source unique des sciences, de la vérité, de la justice & de la paix, enfin de la félicité, du bonheur & de leur plus grande gloire.

Ce Tableau, en même temps qu'il fait connoître à l'homme sa dignité, ses droits & ses devoirs, & lui donne le précis de ces connoissances dans les sciences, dans les arts & la Religion, lui fait prendre une juste idée de l'étendue & des limites de sa liberté, qu'il fait sentir s'étendre à tout bien , & n'avoir d'autre limite que le mal ; fait connoître Dieu comme le maître absolu de la nature, dont la providence, qui se cache sous le voile des causes naturelles, est le principe universel de toutes les sciences, dont il a mis le germe dans notre entendement comme dans la volonté, dans notre cœur les semences de toutes les vertus. Les hommes y sont invités, en suivant les lumieres naturelles d'une droite raison, & le flambeau surnaturel & divin de la révélation, à devenir plutôt les disciples de la vérité que les maîtres de l'erreur. Il expose que l'Être suprême, qui a tout fait pour sa gloire, a seul cette énergie universelle de volonté qui donne à toute la nature l'*être*, le *mouvement*, & la *vie* ; que ce que l'homme fait n'est point une *création* , mais un *travail* , & que ce travail, source de gloire & de bonheur, est le premier fondement de la vraie grandeur de l'homme , comme la toute puissance est le principe des œuvres de Dieu & de sa gloire.

Il fait sentir cette vérité exprimée par *Cicéron* , « que si les productions de la terre sont pour les hommes, les hommes eux-mêmes sont les uns pour les autres, c'est-à-dire, pour s'entraider & se faire du bien les uns aux autres. Nous devons tous entrer dans les desseins de la nature, & suivre sa destination , mettant chacun du nôtre dans le fond de l'utilité commune, par un commerce réciproque & perpétuel d'offices & de services ; n'étant pas moins empressés à donner qu'à recevoir, & employant non seulement nos soins & notre industrie, mais nos biens même, à serrer , pour ainsi-dire, de plus en plus les nœuds de la société humaine ».

Voilà la vérité, la justice & le bon usage de la liberté, enfin l'ordre & l'égalité que met naturellement dans la société cette bienveillance réciproque. Car le propre de la charité , de l'amour, est de réunir & rassembler tout, & c'est ce qui maintient, on peut le dire, les objets terrestres & les célestes, les intellectuels & ceux qui tombent sous les sens.

C'est l'ordre qui nous a séparés du reste des animaux, qui

bâti les villes, établi les loix, attaché les honneurs à la vertu, des peines aux crimes ; qui a changé une vie barbare & sauvage en une vie humaine & sociable, qui a uni les sexes par le lien du mariage, & inspire l'amour vif & tendre que les peres & meres ont pour leurs enfans ; & bien plus encore, ce qui nous a rendu capables de nous élever à la Divinité par connoissance & par amour ; enfin l'ordre, dit *St. Grégoire*, est le pere & le soutien de toute chose, & si on lui donnoit un nom, il faudroit l'appeler le créateur de l'Univers.

C'est l'ordre qui fait que dans la société les uns obéissent, & les autres commandent, & que tous les hommes qui la composent, ainsi que tous les membres de nos corps, ont différentes fonctions ; tous s'aident mutuellement & se soulagent les uns les autres, pour entretenir la concorde & l'harmonie, d'où résulte l'égalité, le bien-être & l'avantage commun, qui font le bonheur du tout. L'œil ne marche point, mais il montre le chemin ; le pied ne voit pas, il marche ; la langue n'entend point les sons, elle les articule, & c'est l'office des oreilles de les entendre ; la main prend & reçoit, exerce l'industrie ; mais l'ame commande à tout, elle est le principe du sentiment ; tous les sens se rapportent à elle, & tout est dans l'ordre, quand toutes les actions se rapportent à sa droiture, & qu'elle même se rapporte & en soi toute la nature, par des hommages d'amour & de reconnoissance, à Dieu de qui elle tient toutes ses richesses & son être même.

C'est ainsi que tout doit être réglé dans une grande société. Nous sommes tous un même corps. Chacun est comme une partie de ce corps, qui doit concourir de toutes ses forces à l'harmonie générale, en proportion de ses facultés & des fonctions utiles qu'il y exerce. Dans ce grand corps les uns commandent, les autres obéissent, & tous, pour être libres, sont soumis à la loi ; & quoique ce ne soit pas la même action, cependant celui qui ordonne & celui qui se soumet ne font qu'un, unis par le même esprit & par la même fin qui est le bonheur du tout.

La *liberté*, qui est la faculté de vouloir ou de ne pas vouloir, & qui s'emploie ici comme indépendance, peut donc être bien ou mal appliquée, si elle n'est bien entendue. Or le véritable & bon usage de la *liberté* est donc de vouloir ce qui est juste, raisonnable & conforme aux loix de la société, & de le vouloir par amour de l'ordre & par devoir.

Et l'*égalité* se trouve dans cette même soumission à la loi qui, planant sur tout l'Empire & sur toutes les têtes, protege tous les hommes, en ne distinguant parmi eux que leurs bonnes ou mauvaises actions, pour les punir ou les récompenser dans la proportion qu'elles méritent ; & c'est ainsi que conservant à chacun la jouissance légitime des droits qui leur sont acquis par la nature, les loix divines & celles de l'ordre social, les hommes sont égaux & libres.

Car enfin-il ne faut pas s'abuser. La *liberté*, non plus que l'égalité absolue, n'existe pas pour l'homme ; car le plus libre & le plus indépendant de tous les êtres, Dieu, n'est lui-même Tout-puissant que pour faire le bien ; son pouvoir infini est limité par le mal. L'homme créé pour être son image, ne peut lui ressembler que par l'amour de la vérité, de la justice, de l'ordre & de la soumission à ses loix qui nous font penser, vouloir & agir conformément à sa volonté, & être un même esprit avec lui, pour y trouver la lumiere & le repos de nos cœurs. *Soyez parfait*, dit l'Ecriture, éloignez-vous du mal & faites le bien. Voilà le véritable usage de la liberté & toute la politique, la Philosophie & la Religion.

Je le répete, la liberté, l'égalité absolue est impossible ; chacun le reconnoît. La nature, ou plutôt l'Auteur de la nature qui a fixé l'une & l'autre, a déterminé leurs relations. Naître, vivre, mourir, être sujet aux mêmes besoins, aux mêmes affections, aux mêmes maux ; avoir la même regle de conduite, pour mériter le même bonheur, cette égalité est positive. Mais les degrés de force corporelle, de fortune, d'esprit, de capacité, d'industrie, de génie, est négative, & la liberté absolue ne l'est pas moins, comme nous l'avons observé.

On ne sauroit donc trop le répéter, l'*égalité*, *la liberté* n'existent & ne peuvent exister dans la société, que dans l'obligation, égale pour tous, d'aimer la Patrie, d'être fideles à la Nation, à la Loi & au Roi ; enfin dans la subordination réciproque tant des autorités constituées pour l'administration publique, que dans l'ordre graduel que nécessite l'ordre social dans les travaux, les professions, les fonctions, toutes utiles, respectables & nécessaires au bien général. C'est ainsi que tous les individus soumis, protégés & jouissant de la faveur des loix, & se conforman aux devoirs que prescrivent la nature, la raison, la véritable philosophie & la Religion, seront égaux & libres autant que le comporte la nature humaine, & peuvent l'être des êtres raisonnables qui, dans l'état naturel même, n'étoient libres qu'en obéissant à la raison, & qui ne le sont pas moins dans la société, en obéissant aux loix qui en font l'expreffion.

Car où chacun fait ce qu'il veut, fans ordre ni raifon, ou plutôt ce que veulent fans mefure les paffions, perfonne n'eft libre & tout le monde eft efclave ; les honnêtes gens plus encore que les autres. En un mot, on eft libre, non pas pour abufer des meilleures chofes, pour fe vexer, manquer d'égards & d'honnêteté les uns envers les autres, car c'eft licence & brutalité ; mais au contraire on eft libre pour chacun par toutes les marques de déférence, de refpect, de fraternité, d'amitié, d'union, & de concorde ; fe difputer de prévenances, de fervices & d'actions louables, utiles & glorieufes pour foi & pour la fociété ; & c'eft alors, je le répete, que nous ferons tous véritablement libres, de cette liberté de raifon qui fe foumet aux loix fociales, pour être plus encore fous l'empire abfolu des loix divines qui font & feront à jamais tout le bonheur & la gloire des hommes. Toute autre voie eft fauffe, s'écarte de la vérité & de la paix, & conduit au plus grand des maux, à l'anarchie, fource du bouleverfemen des Empires & du malheur de tous.

En un mot, il faut être efclave de la loi, de la vérité & de la juftice, afin d'être véritablement libre & trouver le bonheur ; ou efclave de l'injuftice, de l'erreur & de toutes les paffions, pour y trouver fon propre malheur & faire celui des autres. Car on eft efclave bon gré malgré, dit *St. Auguftin*, de toutes les chofes dont on fait fon bonheur, puifqu'on les fuit néceffairement, quelque part qu'elles menent, & qu'on ne fauroit s'empêcher de craindre tout ce qui peut nous les enlever. Or la parfaite liberté, qui confifte à ne dépendre de rien, n'eft le partage que des cœurs pleins de religion & de probité ; car toute ame qui s'éleve au-deffus d'elle-même, eft véritablement libre & ne craint rien. Or, qui ne craint rien ne dépend de rien, & qui n'aime que Dieu, ne craint rien, puifqu'en ne dépendant que de lui, on eft au-deffus de tout le refte. L'affujettiffement à fa loi, eft une heureufe *liberté*, & tous fes ferviteurs font des rois. Or c'eft par les avantages d'une bonne éducation qu'on parviendra à perfuader les hommes de ces principes & de leurs plus grands intérêts ; c'eft en les éclairant fur leurs devoirs, & leur donnant le goût des connoiffances utiles, qu'on les y engagera. Tel eft l'objet du Tableau des Sciences.

Le bas de ce Tableau donne la difpofition des connoiffances humaines, où toutes émanées de l'unité fuprême, comme de leur fource, fe voient divifées dans l'homme en fciences divine

& humaine , ou *Philosophie & Religion* , & chacune subdivi-
sée en huit parties principales ;

SAVOIR:

LA PHILOSOPHIE.	LA RELIGION,
	Pour le fondement de ses dogmes , de sa morale & de ses preuves.
I. La Grammaire & la Rhéto-rique.	I. L'Ecriture sainte , ou l'ancien & le nouveau Testament.
II. Logique.	II. La Tradition.
III. Métaphysique.	III. Les Conciles.
IV. Morale.	IV. Le jugement des Pontifes.
V. Physique.	V. Le consentement de l'Eglise catholique.
VI. Matématiques.	VI. L'autorité des Peres & des Scholastiques.
VII. Belles-Lettres.	VII. Le témoignage de l'His-toire.
VIII. Histoire.	VIII. La Raison naturelle.

Tel est l'objet général des sciences divines & humaines dont
ce Tableau présente l'auguste source & l'ensemble, développé
quant à la Philosophie par le Système figuré des connoissances
humaines dont nous allons donner le précis, nous réservant de
faire à la suite de ce Discours, l'analyse des importans articles de
la Religion, pour compléter entierement ce développement &
remplir l'objet de cet ouvrage, renvoyant au surplus, pour plus
grands détails sur la Religion, aux excellens ouvrages écrits sur
cette matiere importante.

SYSTÊME FIGURÉ

DES CONNOISSANCES HUMAINES;

OU

PHILOSOPHIE.

CE système développe la Philosophie, prise dans sa plus
grande acception, c'est-à-dire, comme embrassant toutes les

connoissances accessibles aux lumieres de l'esprit humain. Les huit classes générales ci-dessus indiquées, divisées & subdivisées par analogie, forment le précis de l'arbre glorieux des sciences humaines dont voici l'idée générale.

I. GRAMMAIRE & RHÉTHORIQUE. Ces deux parties unies par leur objet, apprennent, l'une à parler & à écrire correctement, & l'autre à bien parler & bien écrire pour éclairer l'esprit, toucher & persuader le cœur qui est l'objet de l'éloquence qui, selon *Ciceron*, est une belle expression des pensées d'un homme sage. Or prétendre s'avancer dans les sciences sans le secours de la Grammaire & de la Rhétorique, c'est vouloir élever un édifice sans fondement, puisque la parole & l'écriture sont à-la-fois le pinceau de l'esprit, l'image de ses opérations & l'inteprete du cœur ; enfin que la parole n'est instituée que pour faire passer la vérité d'un esprit à l'autre, comme un bien commun à tous : ainsi comme la clef de toutes les sciences & qui les précedent dans l'ordre de l'institution, elles occupent donc ici le même ordre.

II. La LOGIQUE qui dirige notre entendement dans la recherche de la vérité, suit naturellement comme inséparable. Car pouvant parler, il est du devoir de chacun de bien penser, de raisonner juste ; puisque tout ce qu'on peut dire & écrire, se réduit là : de bonnes raisons, des témoignages irréprochables, des expériences certaines ; il est donc toujours utile, pour ne pas confondre les choses & les preuves, de bien raisonner, non-seulement dans les sciences, mais dans la vie civile, dans tous les âges, dans toutes les professions. Car c'est de-là que dépend le bon ordre qui fait également le bonheur général & particulier.

III. La MÉTAPHYSIQUE qui est la science des principes, en sonde la profondeur : c'est à elle qu'il appartient de les analyser & de porter le pure & lumineux flambeau d'une profonde science sur tous les grands objets qu'offrent à nos connoissances Dieu, l'Homme & l'Univers ; & comme la mere de toutes les sciences, elle fraie la route de la vérité pour en ouvrir le sanctuaire.

IV. La MORALE qui regle les affections des cœurs & les devoirs envers Dieu, soi-même & les autres, est la plus importante de toutes les études & la plus digne de l'homme. Puisée dans la nature, elle est également la base de l'économie particuliere & politique, ou du gouvernement des familles & des grandes sociétés. En un mot, elle est la source des loix humaines qui régissent les états & gouvernent les hommes ; & en procurant la plus utile des sciences, c'est-à-dire, celle d'en bien user, elle prépare à recevoir avec zele & reconnoissance les loix divines de la Religion, qui dissipent ses doutes, sanctionnent ses vérités, & dévoilent à l'homme son principe, sa nature, sa fin, & toute la grandeur de ses espérances. L'esprit ainsi préparé, & le cœur réglé, l'homme entre dans le sanctuaire des sciences naturelles & exactes qui le rendent également habile & utile à ses semblables.

V. La Physique qui est la science des corps & de tous les êtres sensibles soumis à l'empire de l'homme, lui dévoile les secrets d la nature, les animaux, les végétaux, les minéraux, les élémens, le ciel, la terre; enfin tout l'univers est soumis à ses expériences, à ses recherches, & est rendu tributaire de ses besoins.

VI. Les Mathématiques, sciences des quantités & des rapports de tout ce qui est capable d'être compté ou mesuré, viennent au secours de la Physique pour être son flambeau, & de concert étendent nos connoissances sur la terre & dans les cieux, & en multipliant nos forces, satisfont à tous nos besoins pour les arts mécaniques, & accroissent les agrémens de la vie & nos jouissances par les productions du génie dans les Beaux-Arts.

VII. Les Belles-Lettres, par leurs charmes & l'étendue variée des connoissances qu'elles embrassent, répandent les graces de l'esprit sur toutes les especes d'érudition; par l'usage d'une exacte logique & d'une sage & judicieuse critique, elles discernent le vrai du faux en matiere de raisonnemens comme en matiere de faits; & par le sublime de la poésie, peignent les beautés de la nature & des arts; expriment les mouvemens tendres & élevés du cœur; & comme enflammées d'un feu divin, s'élevent jusqu'aux cieux pour en glorifier l'Auteur.

VIII. L'Histoire; cette partie la plus étendue embrasse l'universalité des connoissances humaines, & fait l'homme expérimenté, comme le témoin des temps & la messagere de l'antiquité; dévoile l'origine de l'homme, la suite des générations; trace à grands traits la formation des Empires, leur élévation par les vertus, leur chûte par la corruption; la découverte des Sciences & des Arts, leurs progrès, leur décadence & leur renaissance successives, avec la gloire des Empires; elle fait voir l'homme dans tous les siecles l'objet chéri de tous les desseins de la Divinité; & fait considérer toutes ces révolutions des siecles, les bouleversemens des Etats, les séditions intestines, les complots extérieurs, tous ces événemens, fruits des passions humaines, comme les ministres de sa justice, pour rappeler à lui ceux qui s'en écartent par la confiance en leurs propres forces; car c'est une idolâtrie, dans les angoisses publiques & dans les angoisses particulieres, dit *Saurin*, d'avoir recours aux cause secondes, à de petites Divinités subalternes, & de ne pas travailler à appaiser le courroux de la Divinité suprême. Consulter les sages, assembler des politiques, armer des flottes, lever des armées, construire des forteresses ,

élever des remparts, & ne pas regarder le secours du ciel comme
seul capable de donner du succès à tous ces mouvemens, c'est
idolâtrie.

Car l'on peut dire de la politique & de la science des gouver-
nemens & de toute autre science, ce que disoit *Hippocrate* de la
médecine & des médecins : « Il ne faut pas s'imaginer, dit ce sage
» médecin payen, que la médecine regarde la divinité comme une
» cause impuissante ou inutile, soit dans les maladies dont elle
» opere la guérison, soit dans celles qui guérissent d'elles-mêmes.
» ils connoissent que tout le succès vient de Dieu, ils avouent
» qu'ils ne sont riches que de ses richesses. . . . » Enfin l'Histoire,
en nous inspirant des principes de conduite, nous fait tenir, pour
ainsi-dire, le fil de toutes les affaires de l'univers, & fait connoître
par l'expérience de tous les siecles, que ce qui rend l'homme véritablement grand aux yeux de la Divinité, & digne de l'admiration universelle, ce n'est ni les richesses, ni l'éclat des dignités,
ni le luxe, mais les lumieres de l'esprit & plus encore la droiture
& la rectitude du cœur par lesquelles l'homme est véritablement
tout ce qu'il est. L'homme est tout entier dans son cœur, c'est là
qu'il le faut chercher, c'est là qu'il le faut juger ; c'est dans cette
partie de nous-mêmes où le goût de la vérité se fait sentir, que la
Divinité habite, & où l'homme est rendu heureux.

C'est là, c'est dans le fond du cœur qu'est gravé cette loi éternelle qui a force de loi, non du jour qu'elle est écrite, mais du
moment qu'elle a commencé; or elle a commencé, dit *Ciceron*,
au même instant que l'intelligence divine, & répandue dans tous
les hommes, elle leur commande le bien, elle leur défend le
mal ; mais de maniere que ses commandemens & ses défenses,
qui ne s'adressent pas en vain à d'honnêtes gens, dit cet illustre
payen, ne font nulle impression sur les méchans. On ne peut,
dit-il, ni l'abolir, ni en retrancher, ni faire des loix contraires
à celles-là. Personne n'en peut être dispensé, ni par le Sénat, ni
par le Peuple. Elle n'a besoin que d'elle-même pour se rendre
claire & intelligible ; elle n'est point autre à Rome, autre à
Athenes, autre aujourd'hui & autre demain ; universelle, immuable, elle obligera toutes les nations, & dans tous les tems. C'est
ainsi que Dieu sera éternellement lui seul & l'instructeur, & le
souverain de tous les hommes. Il a conçu le plan de cette loi, &
c'est à lui qu'appartenoit le droit de l'examiner & de la publier.
Quiconque ne s'y soumettra point, ennemi de ses propres intérêts, oubliant ce que sa condition d'homme lui prescrit, il trouvera
en cela même la plus affreuse punition, quand il éviteroit d'ailleurs
tout ce qui est regardé comme supplice. (*Ciceron*, *de la Républ.*

Liv. III.) car les cieux, dit l'Ecriture révéleront fon iniquité & la terre s'élevera contre lui.

Il fouffrira les peines des maux qu'il a faits, & n'en fera point confumé, & l'excès de fes tourmens égalera celui de fes crimes. (*Job*, XX, 18, 27). C'eft ce que l'Hiftoire, d'accord avec la Morale & la Religion, ne ceffe d'imprimer dans l'efprit & dans le cœur de tous les hommes.

Montrer donc la vérité & exciter l'émulation par fes avantages, tel eft le but de l'éducation & tel eft l'objet général du *Syftéme figuré des connoiffances humaines*, dont nous venons d'expofer le précis. Tous les perfonnages illuftres dans les Sciences & dans les Arts, qui entourent & ornent cet enfemble d'Arts & de Sciences, l'objet de leurs méditations & de leurs veilles, forment ici un concert perpétuel de louanges par les rapports de leurs travaux, & tout le mérite de leurs fuccès à la gloire de leur principe.

Tous les Savans, tous les Artiftes célebres de tous les tems & de toutes les nations, y font préfumé placés dans l'ordre chrono-logique de leur mort, & y occuper la place que leur génie, leurs talens & l'excellence de leurs ouvrages leur ont méritée, pour la gloire de l'efprit humain & de la reconnoiffance des hommes.

Mettre donc en parallèle la fcience & l'ignorance, c'eft com-parer les ténebres à la lumiere, l'erreur à la vérité. Il eft impof-fible qu'il forte quelque lumiere des ténebres, & on ne peut marcher dans les tenebres fans s'égarer : ainfi l'ignorance n'eft bonne à rien, & elle nuit à tout. Si l'homme a des devoirs à remplir, il eft important qu'il les connoiffe ; les connoître, c'eft poffé́der la plus utile de toutes les fciences ; c'eft être fort avancé dans la carriere où fe forment les Citoyens utiles, qui, féparant les chofes de leurs abus, dirigent tout leur favoir vers l'utilité publique.

Car enfin, qu'est-ce que cultiver les arts & les fciences, fi ce n'eft étendre l'empire de la raifon, embellir à nos yeux le fpectacle de la nature, s'approcher de plus en plus de l'univer-falité des connoiffances & de la reffemblance divine qui fait tout le bonheur & la gloire de l'homme, dont les defirs de connoître ne feront entierement fatisfaits que lorfqu'il puifera à la fource même qui fera fon unique lumiere, comme elle eft l'unique centre du repos éternel de fon cœur ?

Ne feroit-ce donc pas faire injure à la Divinité que d'ofer con-damner des fciences dont elle-même prend foin de nous inftruire, qui font éternelles comme elle, qu'elle communique aux hommes, & qu'elle ordonne pour des fins qui leur font de la derniere im-portance, & qui font dignes d'elle ? Car il n'y a rien dans l'ordre

naturel

naturel, qui puisse imprimer si vivement dans l'esprit la forte &
terrible idée de l'éternité, que l'étendue & l'immutabilité des
sciences en elles-mêmes ; & faire admirer davantage les ouvrages
du Créateur, ni donner une plus haute idée de sa toute-puissance,
de sa souveraine sagesse & de son amour, enfin de sa grandeur
& de l'étendue infinie de ses perfections.

Inspirer donc l'amour des sciences, cette impétuosité de l'ame
vers Dieu qui en est la source ; l'inspirer par le développement
de leur utilité & de leur excellence pour en faire l'usage que
prescrivent la droiture du cœur, la véritable Philosophie & la Religion, & en témoigner toute sa reconnoissance au souverain Être
de qui elles émanent toutes comme de leur source ; tel est
le véritable objet du *Tableau central des Opinions & de l'Education
publique* ; du *Tableau des Siences & des Arts*, & du *Systême
figuré des Connoissances humaines*, que nous avons l'honneur
d'exposer aux yeux de l'auguste Assemblée & de lui en faire hommage, & pour ces trois objets être considérés comme ne faisant
qu'un tout, un seul & même ouvrage, développement du même
principe ; être considérés de plus comme la base solide & immuable
de l'éducation publique, pouvant servir de motif d'émulation &
d'encouragement à la jeunesse par l'étendue de ses vues, & perpé-
tuellement fixés sous les yeux de tous les citoyens dans les assem-
blées publiques & d'instruction, rappeler le souverain principe
sous les yeux duquel ils déliberent, ils jugent des intérêts qui
leur sont confiés ; enfin être regardés comme le centre d'unité &
de ralliement de toutes les opinions humaines au même principe
& dans le même esprit ; esprit de lumiere, de vérité & de justice,
véritable esprit du Législateur universel & souverain des nations,
de Jesus-Christ, de qui l'Assemblée constituante, dans sa séance
du 13 Avril 1790, a respecté les loix, la majesté de la Religion
& à qui elle a témoigné le respect profond qui lui est dû.

Esprit de concorde & de paix, esprit de *Jesus-Christ, la voie,
la vérité, la vie*, le principe de toutes choses & la lumiere du
monde, dont l'unique principe est l'amour & les loix la vérité
même, qui est venu de tous les peuples ne faire qu'un peuple,
de tous les états & de toutes les conditions ne former qu'un corps,
ne voir dans les hommes que le titre de *fidele* qui les égale tous,
ne reconnoître pour plus grands que les plus justes & les plus
saints ; en un mot, qui est venu rappeler tous les hommes à
l'unité par le lien de l'amour des uns envers les autres, rapporté
à lui & par lui comme leur médiateur, à l'unité souveraine, à
Dieu qui, comme le témoin & le juge des pensées & des actions
des hommes, sera, comme il le dit lui-même, leur récompense
infiniment grande.

B

Cet ouvrage composé & puisé dans les maximes & dans l'esprit qui doit unir les hommes à leur principe comme à leur plus grand bien, est particulierement consacré à la jeunesse qui ne doit cesser d'offrir les prémices de ses travaux à celui qui en est le principe, à l'Être suprême en présence & sous les auspices duquel l'Assemblée nationale a commencé & continué ses immenses travaux, reconnu la dignité de la Religion, témoigné son attachement au culte catholique apostolique & romain, & l'unité de foi avec le Chef visible de l'Eglise universelle; & qui, par sa sagesse, a cru de son devoir de consacrer ainsi dans ses Décrets ces vérités, comme méritant le respect de la Nation, la soumission & l'hommage de toutes les créatures dans un même esprit & un même culte, souffrant leur différence sans altérer le principe. « Car Dieu, dit M. *de Mirabeau*, a posé le » Christianisme au milieu de l'Univers, pour être le point de » ralliement & le centre d'unité du genre humain ».

« Toute puissance m'a été donnée dans le ciel & sur la terre, » dit *Jésus-Christ* à ses Apôtres; allez donc & instruisez tous » les peuples, les baptisant au nom du *Pere*, du *Fils* & du » *Saint - Esprit*, & leur apprenant à observer toutes les choses » que je vous ai commandées, & assurez-vous que je serai » toujours avec vous jusqu'à la consommation des siecles ». (*Math.* 28, 18, 20.) Le commandement que je vous donne est de vous aimer les uns les autres comme je vous ai aimés. (*Jean*, 15, 12.) Je suis venu dans le monde afin de rendre témoignage à la vérité; quiconque appartient à la vérité, écoute ma voix. (*Jean*, 18, 37.).

Ainsi, tendre jeunesse, pour éclairer votre esprit, rendez-vous maître de votre cœur, & vous connoîtrez alors que Jésus-Christ est le centre de tout & l'objet de tout; & qui ne le connoît pas, ne connoît rien dans l'ordre du monde, dit *Pascal*, ni dans soi-même.

Car il n'y a qu'un Dieu, qu'un Christ, qu'une Eglise & qu'une Chaire fondée sur St. Pierre, suivant la parole du Seigneur, dit *St. Cyprien*.

La *Loi*, les *Prophéties* & l'*Evangile* ne sont ensemble que les fondemens de cette même Eglise répandue par toute la terre, unie par une même foi, une même doctrine, une même autorité répandue dans plusieurs, & un même Autel dressé en plusieurs lieux; car Jésus-Christ est venu sur la terre pour établir une Eglise, c'est-à-dire une société où l'on fit profession de la vérité qu'il a apportée aux hommes, vérité qui se trouve dans l'Ecriture sainte & la tradition dont l'Eglise est la dépositaire.

Que ce ne ſoit donc pas dans la beauté de la diction , dans les charmes d'un ſtyle brillant & pompeux, que vous mettiez votre confiance ; que ce ſoit dans la connoiſſance de la vérité , dans la force du raiſonnement & l'évidence des preuves. Car à moins de renoncer au caractere d'homme , d'être intelligent & raiſonnable , il faut ſe conduire ſur ces principes , même en matiere de foi ; car quoiqu'il ſoit de l'eſſence de la foi de ne point exiger de preuves, il n'eſt pas moins vrai qu'il faut d'évidens & de puiſſans motifs de crédibilité , pour établir notre foi qui ne peut être fondée que ſur l'autorité ou divine ou humaine.

Mais douter pour douter , ſans examen & ſans motifs , eſt auſſi ridicule, & marque une égale foibleſſe d'eſprit & de raiſon que de tout croire ſans examen. Bien loin donc que l'incrédulité qui rejette la foi , ſoit force d'eſprit , elle eſt au contraire le témoignage de ſa plus grande foibleſſe ; car l'incrédulité eſt la foi de ceux qui n'en ont pas, ou qui n'ont pas la force d'en avoir une raiſonnable ; car les abſurdités où ils tombent en niant la Religion , dit M. *Boſſuet* , deviennent plus inſoutenables que les vérités dont la hauteur les étonne ; & pour ne vouloir pas croire des myſteres incompréhenſibles , ils ſuivent l'un après l'autre d'incompréhenſibles erreurs.

Que cette réponſe de l'Abbé *Pluche* eſt pleine de ſens & de ſageſſe ! Il eſt étonnant, lui diſoit-on un jour, qu'un génie de votre force penſe & parle comme le peuple. « Je m'en fais » gloire, répondit le Philoſophe chrétien : il eſt infiniment plus » raiſonnable & plus prudent de croire à la parole infaillible » de l'Être ſuprême , que de ſuivre les ſombres lumieres d'une » raiſon bornée & ſujete à s'égarer ſur les principes & dans » les conſéquences ».

Or, pour poſſéder cet eſprit de ſageſſe & en goûter toutes les douceurs , il faut donc tout rapporter à celui qui en eſt le centre & le principe ou qui, pour mieux dire , eſt lui-même l'eſprit de ſageſſe & de ſcience , qui ſeul uniſſant en ſoi les idées de toutes choſes , eſt ſeul capable de nous en inſtruire.

En conſéquence, Dieu eſt donc la baſe unique & immuable des connoiſſances humaines , comme de l'éducation publique , car la plus excellente éducation demeure ſans fruit, ſi lui-même ne fait germer, croître & fructifier les bonnes ſemences qu'elle a jetées dans l'eſprit. Le maître inſtruit, le cultivateur laboure , plante, ſeme & arroſe ; mais c'eſt Dieu qui donne à tout la vie , l'accroiſſement , & qui fait fructifier.

C'eſt connoître bien mal les préſens de la Divinité , dit

Pline le naturaliste, & les payer d'ingratitude, que de vouloir en faire honneur aux hommes. Le hasard paroît avoir donné lieu à ces découvertes : cela est vrai, dit ce philosophe payen, mais le hasard est Dieu même, & par ce nom, aussi bien que par celui de nature, c'est Dieu qu'il faut entendre. Car vous lui devez, dit *Séneque*, les vertus dont vous êtes doués, la connoissance des arts que vous cultivez, & cet esprit capable de pénétrer dans un instant tout ce qui peut être l'objet de son application. C'est lui, dit l'*Ecriture*, qui donne la sagesse aux sages, & la science à ceux qui ont l'intelligence & la lumiere.

Telles sont donc les vérités qu'offre le Tableau central & son développement, en exposant aux yeux les rapports éternels qui unissent Dieu, l'homme & l'Univers, & l'accord de la véritable philosophie avec la Religion. Car « la Religion n'est pas plu exi-
» geante que la philosophie, dit *Lysis* à *Philoclès*, dans le savant
» & estimable voyage d'Anacharsis de M. l'Abbé *Barthelemi*. Loin
» de prescrire à l'honnête homme aucun sacrifice qu'il puisse
» regretter, elle répand un charme secret sur ses devoirs, &
» lui procure deux avantages, une paix profonde pendant la
» vie, une douce espérance au moment de la mort ».

L'une & l'autre émanées du même principe, tendant au même but, la connoissance de la vérité, veulent aussi la même fin, le bonheur de l'homme & la plus grande gloire de Dieu.

SCIENCE DIVINE OU RÉVÉLATION.

RELIGION.

ENFIN, pour le dire en peu de mots, l'étude de la *Philosophie* & de la *Religion* fait l'homme de bien, l'homme éclairé, le chrétien & le sage, autant que le comporte la nature humaine, & concoure également à la paix, à la prospérité des Empires, à la liberté & l'égalité raisonnable des citoyens, puisque dans leurs principes tous les hommes doivent se considérer comme freres, & sont également app lés, par l'exercice des mêmes vertus, au même héritage, c'est-à-dire, à la tranquillité de l'ame & à la paix du cœur, image, sur la terre, de la félicité & du bonheur que promet seule la Religion. « Car Dieu,

» dit *St. Paul*, ne fait point acception de personne ; il n'a égard
» ni à la condition, ni à la fortune, ni à tous les autres avan-
» tages naturels de l'esprit ou du corps, mais seulement à la qua-
» lité des actions. L'affliction & le désespoir, dit-il, accablera
» l'ame de tout homme qui fait le mal ; mais la gloire, l'hon-
» neur & la paix seront le partage de tout homme qui fera
» le bien ». (*Rom. Chap.* 2.).

Telle est la philosophie de la Religion chrétienne que nous
avons fait considérer dans le *Tableau central*, comme la véritable philosophie, & à laquelle ramenent & les lumieres de
l'esprit, & les desirs du cœur. Car la Religion, qui est tout
amour, est prouvée autant que ce qu'il *y* a de plus certain,
& ne craint, pour le malheur de ceux qui la rejettent, que de
n'en être pas assez connue. « Ils condamnent, disoit autrefois
» *Tertulien* aux Payens, ce qu'ils n'entendent pas ; ils blâment
» ce qu'ils n'ont jamais examiné & qu'ils ne connoissent que
» par ouï-dires ; ils blâment ce qu'ils ignorent, & ils l'ignorent,
» parce qu'ils la haissent trop pour vouloir se donner la peine
» de l'approfondir & de la connoître ».

« Mais on rendra compte un jour à Dieu, dit *Bayle*, de
» tout ce que l'on aura fait en conséquence des erreurs que
» l'on aura prises pour des dogmes véritables ; & malheur, dans
» cette terrible journée, à ceux qui se seront aveuglés volon-
» tairement. . . . Ils auront acquis un droit, je l'avoue, d'agir
» conformément à leurs erreurs ; mais, comme c'est un droit
» mal-acquis, & qui tire sa source ou de la malice du cœur,
» ou d'une indifférence prodigieuse, ou d'une paresse inexcusable,
» il ne peut qu'empoisonner tous les fruits qu'il aura fait naître.
« Car il n'y a point de sagesse, dit l'Ecriture, il n'y a point
» de prudence, il n'y a point de conseil contre le Seigneur ».
(*Prov.* 21, 30.).

La *Religion*, que l'on peut appeler, dit l'Encyclopédie, la
philosophie par excellence, puisqu'elle est la science même de
Dieu, par laquelle il se communique à l'homme & l'homme
s'unit à Dieu, est le seul guide, dit l'illustre d'*Aguesseau*, qui
peut apprendre à l'homme ce qu'il a été, ce qu'il est & ce
qui peut le rendre tel qu'il doit être. *L'Ecriture sainte* ou les
Livres de l'ancien & du nouveau Testament, qui sont la base
de la Religion, ont un rapport, une liaison si intime, qu'ils
s'expliquent réciproquement l'un l'autre. Jésus-Christ est comme
la clef de l'ancien ; & l'ancien que réverent les Juifs, est la
preuve du nouveau. Leur source divine se fait sentir dans tous
les événemens extraordinaires qui y sont rapportés, dans la

beauté de leur morale, & par leur unique fin, la *charité*, la gloire de Dieu & le bonheur du genre humain. Indépendamment de tous ces caracteres, « ce qui me persuade que l'Ecri-» ture sainte vient de Dieu, ou de l'Auteur de la nature, dit » *Richard Cumberland*, c'est que les loix naturelles y sont par-tout » éclairées, confirmées & portées au plus haut point de per-» fection ». La majesté des écritures m'étonne, dit *J. J. Rousseau*, la sainteté de l'Evangile parle à mon cœur.....

Tels sont les principaux caracteres de ces livres révérés de toutes les nations, qui, par leurs enseignemens salutaires, dit *St. Augustin*, redressent les esprits qui s'égarent, nourrissent & éclairent ceux qui manquent de lumiere & font les délices de ceux qui en ont le plus.

La *Tradition*, qui nous atteste l'authenticité & la vérité de ces livres sacrés, nous fait remonter de siecles en siecles à l'origine des choses, & particulierement à cette parole vivante de Jésus-Christ, recueillie de sa bouche & écrite par les Evangélistes & les Apôtres, ou transmise de vive voix, par succession & comme de main en main, & qui est maintenant consignée dans les *Conciles, les Jugemens des Pontifes, le consentement de l'Eglise catholique, les écrits des Peres & des Scholastiques & le témoignage de l'histoire*, éclairée par la *raison naturelle*, d'après les principes de la foi.

Y a-t-il un exemple de tradition plus suivie, mieux prouvée, que celle des faits qui intéressent la Religion ? Aussi la science de ces faits est-elle une Théologie sensible qui en démontre la vérité à peu près comme le coup d'œil jeté sur l'Univers, est la philosophie palpable qui en démontre l'auteur.

Tels sont les motifs de crédibilité qui ont soumis & soumettent à la foi chrétienne les esprits & les cœurs de tous les illustres personnages de l'antiquité payenne, les savans de tous des siecles & tous ceux qui cherchent & aiment la vérité avec sincérité. C'est pour rappeler à la jeunesse ces vérités premieres qui ne s'anéantissent pas pour les ignorer ou les méconnoître, non plus que la lumiere n'est pas éteinte pour fermer les yeux à la clarté, c'est, dis-je, pour rendre sensible cette philosophie de l'Ecriture qui rapporte tout à Dieu & à sa volonté, comme à sa cause suprême & universelle, que nous avons entrepris l'ouvrage que nous exposons aux yeux de nos concitoyens, & pour leur rendre présent le principe universel de l'éducation, & le motif unique & obligatoire d'union, de concorde & de paix entre les hommes & les états ;

Enfin, pour faire sentir à tous que tout émane de l'unité,

& que tout tend à l'unité, que tout y rentre dans la nature par l'harmonie des êtres, & que tout doit y rentrer, à l'égard des hommes, par l'amour réciproque des uns envers les autres, rapporté à Dieu comme à leur principe & le centre unique des lumieres de l'esprit comme du repos éternel des cœurs, & le souverain bien de toutes les intelligences; & faire comprendre, pour l'intérêt & le bonheur de tous, que Dieu, n'étant pas moins l'ordre qu'il est la justice, la vérité & la regle immuable de l'une & de l'autre, & réprouvant tout ce qui ne lui est pas conforme, rappellera à l'ordre par l'exercice de sa justice, tous ceux qui s'y seront soustraits & n'y seront pas entrés par l'amour & la soumission à ces loix, seules regles infaillibles du juste & de l'injuste, & l'unique voie du véritable bonheur que promet la Religion qui est tout amour. Car Dieu, qui réduit tout à l'unité dans ses œuvres, nous appelle à lui par la foi, l'espérance, la crainte, mais particulierement par l'amour qui nous rend dignes de nous unir à lui & d'être à jamais consommés dans son éternelle unité. Car « lors donc, dit *St. Paul*, que toutes choses » auront été assujetties au fils, alors le fils sera lui-même assu- » jetti à celui qui lui aura assujetti toutes choses, afin que *Dieu* » *soit tout en tous* ». (1. *Cor.* 15, 28.).

Alors Dieu, dans la trinité de ses personnes, regnera par lui-même, fera subsister & vivre en lui, & de lui tout le corps de l'Eglise, le chef & les membres, les rendra immortels par lui-même comme *éternité*, les éclairera & les rendra tous lumineux comme *vérité*, se répandra en eux & les consommera en lui-même comme *charité*; alors donc tout sera consommé en l'unité, & Dieu sera connu pour être véritablement *celui qui est* le premier & le dernier, le commencement & la fin, le principe qui a tout fait pour sa gloire & le bonheur des justes.

Gloire soit donc à Dieu, à celui qui est tout-puissant pour nous affermir dans la foi de l'Evangile & la doctrine de Jésus-Christ, à Dieu, dis-je, qui est le seul sage, le maître absolu des esprits & des cœurs, le Dieu des armées qui nous a réconciliés avec lui-même par Jésus-Christ. Honneur donc, honneur & gloire par Jésus-Christ, la lumiere du monde, en qui sont renfermés tous les trésors de la sagesse & de la science.

Gloire soit à Dieu, à qui tout appartient, parce que tout est son ouvrage, à celui dont la *Puissance* peut en un moment renverser tous les projets des hommes, & les tourner où il lui plaît, à celui dont la *Sagesse* peut dissiper l'erreur qui les séduit, & leur apprendre que c'est par les révolutions les plus incroyables des Etats, qu'il manifeste plus clairement sa providence; à celui dont l'*Amour* les attire à lui par tous les attraits qui gagnent les hommes, par tous les attraits de la charité, & peut les porter à la recherche de la vérité, de la justice & de la paix. Gloire à Dieu devant qui la force, la politique & la sagesse humaine ne sont rien, qui tient en son pouvoir les esprits & les cœurs, pour les faire servir comme autant de moyens d'accomplir ses volontés suprêmes; qui veut que, par une confiance entiere en lui, l'on espere plus, lorsque tout est désespéré, parce que lorsque les maux sont arrivés à leur comble, on touche au moment où, faisant sortir la lumiere du sein des ténebres, il renouvelle toutes choses & sauve par les moyens inconnus aux hommes, mais infaillibles, qu'il tient en réserve dans les trésors de sa providence. Gloire, gloire donc à Dieu qui, marchant à la tête des armées qui l'invoquent, préside à ses conseils, inspire la prudence aux Chefs & le courage aux Soldats; gloire à Dieu dont la *Puissance*, la *Sagesse* & l'*Amour* sont les remparts de tous ceux qui se confient à lui d'un cœur parfait, parce que, malgré tous les desirs & les desseins ambitieux des hommes, ils ne sauroient être que les ministres de ses propres desseins & les exécuteurs de ses ordres, sans savoir le plus souvent ce qu'ils font. Ils sont réduits, après y avoir satisfait, à l'impuissance qui leur convient par leur nature, parce que rien ne peut prévaloir contre Dieu; car sa puissance est infinie, & sa sagesse n'a point de bornes. « Nul, dit-il, ne peut » rien soustraire à mon souverain pouvoir. (*Dan.* 32, 39.) Tout » ce qui est sous le Ciel est à moi ». Gloire donc à Dieu qui fait reposer le pole du Septentrion sur le vide, & suspend la terre sur le néant, (*Job*, 26, 7.) qui dit à la mer « vous » viendrez jusques-là, & vous ne passerez pas plus loin, & » vous briserez ici l'orgueil de vos flots ». (*Job*, 38, 11.) Gloire à Dieu qui a choisi les moins sages selon le monde, dit *St. Paul*, pour confondre les sages, qui a choisi les foibles selon le monde, pour confondre les puissans. (1. *Cor.* 1, 27.) Afin que nul homme ne se glorifie devant lui, car il est écrit, que le sage ne se glorifie point dans sa sagesse, que le fort ne se glorifie point dans sa force, que le riche ne se glorifie point dans ses richesses; mais que celui qui se glorifie, dit le Seigneur, mette sa gloire à me connoître, & à savoir que je suis le Seigneur qui fais miséricorde & qui exerce l'équité & la justice sur la terre, parce que c'est là ce qui me plaît, dit le Seigneur. (*Jérém.* 9, 23, 24.) Si vous demeurez dans l'observation de ma parole, dit Jesus-Christ, vous serez véritablement mes disciples, & vous connoîtrez la vérité, & la vérité vous rendra libres. (*Jean*, 8, 31, 32.).

Heureux donc est l'homme, dit l'Ecriture, qui met sa confiance au Seigneur, & dont le Seigneur est l'espérance. (*Jér.* 17, 7.) Heureux le peuple, dit *David*, ce grand Roi, heureux le peuple qui fait vous louer & se réjouir en vous. (*Pse.* 88, 15.) Car vous connoître, c'est la parfaite justice, & comprendre votre équité & votre puissance, c'est la racine de l'immortalité. (*Sag.* 15, 3.).

Or, vous qui craignez le Seigneur, dit l'Ecriture, *croyez en lui*, & vous ne perdrez point votre récompense. Vous qui craignez le Seigneur, *espérez en lui*, & la miséricorde qu'il vous fera, vous comblera de joie. Vous qui craignez le Seigneur, *aimez-le*, & vos cœurs seront remplis de lumiere. (*Ecclef.* 2, 8, 10.) Car c'est lui qui change les tems & les siecles, qui transfere & qui établit les Royaumes, qui donne la sagesse aux sages & la science à ceux qui ont l'intelligence & la lumiere. (*Dan.* 2, 21.).

Voici ce que dit le Seigneur : Maudit est l'homme qui met sa confiance en l'homme, qui se fait un bras de chair & dont le cœur se retire du Seigneur. —— Heureux est l'homme qui met sa confiance au Seigneur, & dont le Seigneur est l'espérance. (*Jérém.* 17, 5, 7.).

Gloire, gloire à jamais, gloire soit donc à la *puissance du Pere*, à la *sagesse du Fils*, à *l'amour du Saint-Esprit* ; enfin unique gloire à *celui qui est*, à Dieu le premier & le dernier, le commencement & la fin de toutes choses ; le principe, la lumiere des esprits & le centre unique du repos & du bonheur éternel des cœurs.

Heureux donc, & mille fois heureux les peuples qui font de Dieu le centre unique du rapport de leurs pensées, des affections de leurs cœurs, de toutes leurs actions, la base de leur éducation publique & leur souverain bien. Car le souverain bien doit consister, dit *Cicéron*, dans quelque chose de précis & de simple, & non pas dans un composé de choses de différente nature.

Mortels qui vous soulevez contre la Religion, arrêtez-vous, si vous êtes sincerement amis de votre Patrie, de vous-mêmes & de l'humanité ; car l'erreur vous séduit. Le Courtisan philosophe, *Cynéas*, qui avoit accompagné Pyrrhus en Italie, étaloit un jour, en présence de Fabricius, les Dogmes d'une Secte qui nioit la providence. Le sage Romain, pénétrant d'un coup d'œil les conséquences d'une doctrine si nouvelle pour lui, pria les Dieux d'inspirer toujours de telles pensées aux ennemis de Rome.

C'est à cette doctrine qui se répandit dans la Grece, & avec elle l'esprit d'irréligion, que *Polybe*, l'homme du monde qui a le mieux jugé des événemens passés, & le mieux prévu les événemens futurs, attribue l'effroyable dépravation des mœurs qui infecta sa Patrie, & causa sa décadence & son avilissement.

Rien de plus constaté par les témoignages des écrivains contemporains, que l'affreuse corruption qui suivit cette doctrine qui étoit, pour ainsi dire dominante dans le tems que douze pauvres pécheurs de Judée, foibles, sans connoissances, & qui ne s'attribuoient rien de la grandeur de leurs œuvres, accomplissoient l'ordre étonnant qu'ils avoient reçu de Jésus-Christ, de parcourir l'Univers & d'attirer tous les peuples de la terre à l'obéissance de l'Evangile, cette sublime doctrine qui fit l'admiration des Philosophes payens les plus éclairés, qui s'y soumirent & en devinrent les plus zelés prédicateurs & les plus ardens apologistes & défenseurs.

Victorin, célebre orateur & philosophe du Paganisme, & qui, au rapport de *St. Augustin*, avoit été jugé digne qu'on lui dressât une statue dans la place publique de Rome, mit sa gloire à faire une profession publique du Christianisme, & à l'étonnement des Payens & la joie de toute l'Eglise, presque tous les Platoniciens, qui sans contredit étoient, dit-il, les plus éclairés d'entre les Philosophes, renoncerent aux idoles & reconnurent la vérité de la foi de Jésus-Christ.

Car maintenant, dit *St. Augustin* à Volucien, que trouvet-on dans les livres des Philosophes & dans les loix des plus sages Républics, de comparable à ces deux préceptes où Jésus-Christ nous assure que la loi & les Prophetes sont compris : *vous aimerez le Seigneur votre Dieu de tout votre cœur, de toute votre ame & de tout votre esprit, & votre prochain comme vousmême ?* (*Matt.* 22, 37.) Dans ces deux mots se trouvent & la *Physique*, puisque les causes de toutes choses naturelles sont dans le Dieu qui les a créées ; & la *Morale*, puisque ce qui fait la bonne vie, c'est uniquement d'aimer ce qu'il faut aimer, c'est-à-dire, Dieu & le prochain, & de l'aimer comme il faut ; & la *Logique*, puisqu'il n'y a point d'autre vérité qui éclaire l'ame raisonnable, que Dieu seul. On trouve encore dans ces deux regles *le bien & la perfection des Sociétés civiles* & des Empires qui ne s'établissent & ne subsistent que sur le fondement de la foi réciproque & de l'union des cœurs ; & cette union ne subsiste que lorsqu'on aime le bien commun, c'est-à-dire, Dieu qui est le bien véritable & souverain, & lorsque les hommes s'aiment les uns les autres en celui & pour l'amour de celui qui voit, sans que nous puissions l'en empêcher, quel est le principe & le motif de l'amour dont nous nous aimons réciproquement.

Telle eſt donc la grandeur du motif qui doit ramener tous les hommes, toutes les Nations à l'unité, à la concorde, à la paix & à l'amitié, ce lien ſacré des cœurs qui réprouve les horreurs de la guerre, cette rage deſtructive, dit *Voltaire*, qui change en bêtes féroces des hommes nés pour vivre en freres.

Car qu'y a-t-il de plus doux, dit *Cicéron*, qu'une bienveillance mutuelle & un commerce réciproque de ſoins & de ſervices?

Que les hommes ſeroient heureux s'ils entendoient leurs véritables intérêts, & s'ils faiſoient régner ſur la terre cette loi de charité, d'amour, qui y établiroit cette égalité, cette liberté raiſonnable qui feroit de toutes les familles, de tous les états, un ſeul corps animé du même eſprit, & dès-là heureux & digne du bonheur & de la gloire qui en doit être le fruit & la récompenſe.

Mais, ô François! ô mes Concitoyens! Peuple éclairé, franc & bon par caractere, quoi, nous en ſommes encore à déplorer le malheur dont gémiſſoit l'illuſtre d'*Agueſſeau*, cet homme cher à la vertu, à la Religion, aux ſciences & aux arts! « Où trouverons nous donc la Patrie, diſoit ce vertueux magiſtrat? l'intérêt particulier la trahit; la moleſſe l'ignore; une vaine philoſophie la condamne. Quel étrange ſpectacle pour le zele de l'homme public! un grand Royaume & point de Patrie; un peuple nombreux, & preſque plus de citoyens ».

O François! vous voulez tous la liberté & le bonheur; aſſurément vos deſirs ſont louables & ſont ceux de l'humanité entiere. Mais pour y arriver à ce terme ſi déſiré, prenez au moins la voie qui peut ſeule y conduire; que tous les pouvoirs conſtitués partent de la même ſource & ſe réuniſſent au même principe, tant pour le gouvernement de l'Empire que pour la conduite particuliere; car ce qui met l'ordre dans l'homme peut ſeul le mettre dans les états. Or ce principe, c'eſt la crainte & l'amour de l'unité ſuprême, enfin de Dieu, & la ſoumiſſion à ſes loix. Car, on ne ſauroit trop le redire, dit *Maſſillon*, la loi de Dieu eſt toute la force & toute la ſûreté des loix humaines, parce que Dieu eſt le Roi de toute la terre, dit *David*, ce modele des Rois (*Pſa.* 47, 7.), & qu'il eſt le Seigneur qui diſſipe les deſſeins des Nations, qui rend vaines les penſées des peuples & qui renverſe les conſeils des Princes (*Pſa.* 32, 10.), & qui dit aux hommes: malheur à vous enfans rebelles, qui faites des deſſeins ſans moi, qui formez des entrepriſes qui ne viennent point de mon eſprit (*Iſaïe*, 30, 1.)

Ralliez-vous donc, ô Nation favoriſée du Ciel, ralliez-vous

à cet unique principe, l'espérance de toutes les Nations de la terre ; & bientôt, animés d'un même esprit d'ordre, de justice, de vérité & de bonne foi, vous tous que la même terre a vu naître, & qui recele dans son sein les restes mortels de vos ancêtres, vous tous vous verrez la subordination succéder à l'indépendance, la regle à la confusion, la justice à la force, la sûreté publique à l'inquiétude générale, le repos des particuliers aux alarmes continuelles, & tout devenir tranquille sous la protection des loix ; en un mot, *fideles à la Nation, à la Loi & au Roi*, à ce serment sacré que doivent tous les citoyens, & dans tous les Royaumes, nous serons tous heureux ; les desirs de notre auguste Assemblée seront remplis ainsi que les vœux de notre Roi, vertueux Monarque, qui régnant pour notre bonheur, régnera aussi pour le sien ; & toutes les Nations en paix, jalouses de notre félicité, se diront entr'elles ce que disoient autrefois les Payens voyant l'union & l'amitié réciproque des premiers chrétiens qui ne faisoient tous, dit *Tertullien*, qu'un cœur & qu'une ame : *voyez comme ils s'aiment.*

Désirant dans toute la sincérité de notre cœur, une pareille union pour tous les peuples, & considérant avec *Plutarque* que l'éducation de la jeunesse est le seul lien du bonheur des Etats, nous exposons ici avec franchise & liberté, les principes invariables qui doivent les diriger ; principes rendus sensibles par le *Tableau central des opinions & de l'éducation publique*, le *Tableau des sciences & des arts*, le *Systéme figuré des connoissances humaines & la Religion*, dont les principes & toutes les lignes, pour ainsi dire, viennent se réunir dans le centre de la vraie sagesse & du vrai bonheur, pour y établir c lui de l'humanité & convaincre tous les hommes de toutes les Nations, que tout est de Dieu, que tout se rapporte à Dieu, qu'il a tout fait pour sa gloire & le bonheur des justes ; enfin persuader les homm s de toutes les Nations, qu'ils ne seront libres & véritablement heureux sur la terre, que dans la proportion de leur ressemblance, de leur rapport à cette souveraine unité, à Dieu, dont les loix sont la regle immuable du juste & de l'injuste, & leur observation ou leur infraction, la mesure du malheur ou de la félicité. Enfin,

> Mortels, il est un Dieu ; vous en êtes l'image :
> Aimez-le comme tel, & révérez ses loix.
> La foi qui de vos cœurs exige cet hommage,
> L'exige également des Bergers & des Rois.

GOMBERVILLE.

8 Août 1792.

Nota. Si cet ouvrage, dont la première partie déjà connue par la gravure & l'impression, peut plaire & être reconnu utile dans l'éducation, l'Auteur se propose de faire imprimer & graver ce développement, pour être mis sous les yeux de la jeunesse & pour, en lui donnant une juste idée de la dignité de son être, lui présenter un motif d'encouragement & d'émulation, & le tableau des richesses dans les sciences & les arts qui font l'honneur & la gloire de l'esprit humain.

L'Auteur propose donc aux personnes que ce genre d'ouvrage peut intéresser, de vouloir bien lui faire connoître leur intention, en lui faisant passer, franc de port, la promesse ci-dessous remplie de leur adresse, rue Colbert, n° 281, ou aux personnes ci-après indiquées, en observant par écrit, sur la promesse, si elles désirent la première partie ou le *Tableau central* qui est également du prix de 30 sols.

SIMPLE PROMESSE

De se procurer le *Tableau des sciences & des arts* & le *Systéme figuré des connoissances humaines*, en deux feuilles, par J. CHEVRET, Citoyen de Paris, de la Section & de la Bibliotheque, rue Colbert, n° 281, moyennant la somme de trois livres, en noir.

A   ce   1792.

A l'adresse de M.   demeurant

à   rue

Cette Promesse pourra être envoyée aux adresses ci-après :

A PARIS,

Chez { l'Auteur, rue Colbert, n°. 281 ;
DENNÉ l'aîné, Libraire, au passage du Théâtre de MONSIEUR, vis-à-vis la rue Vivienne, n°. 12 & 13.

A MEULAN,

M. LE BLOND, Notaire.

A PARIS, de l'Imprimerie de N. H. NYON, *rue Mignon*. 1792.

www.ingramcontent.com/pod-product-compliance
Lightning Source LLC
LaVergne TN
LVHW020627180726
843502LV00006B/1915